7.95

Texte : Marie-Francine Hébert
Illustrations : Caroline Hamel

Jano n'en
fait qu'à sa tête

Données de catalogage avant publication (Canada)

Hébert, Marie-Francine
Jano n'en fait qu'à sa tête
(À pas de loup. Niveau 2, Je sais déjà lire)
Pour enfants.

ISBN 2-89512-328-4

I. Hamel, Caroline. II.Titre. III. Collection.

PS8565.E2J36 2003 jC843'.54 C2003-940532-X
PS9565.E2J36 2003
PZ23.H42Jan 2003

Directrice de collection : Lucie Papineau
Direction artistique et graphisme :
Primeau & Barey
Dépôt légal : 3e trimestre 2003
Bibliothèque nationale du Québec
Bibliothèque nationale du Canada

Dominique et compagnie
300, rue Arran, Saint-Lambert
(Québec) Canada J4R 1K5
Téléphone : (514) 875-0327
Télécopieur : (450) 672-5448
Courriel : dominiqueetcie@editionsheritage.com
Site Internet : www.dominiqueetcompagnie.com

Imprimé au Canada

10 9 8 7 6 5 4 3 2 1

Nous remercions le Conseil des Arts du Canada de l'aide accordée à notre programme de publication, ainsi que la SODEC et le ministère du Patrimoine canadien.

Gouvernement du Québec – Programme de crédit d'impôt pour l'édition de livres – Gestion SODEC.

Pour tous ceux qui,
comme moi, en font
trop, parfois !

Marie Francine Hébert

Jano ne comprend pas pourquoi, chaque
fois qu'il court dans la maison, papa prend
sa voix d'ours mal léché :
— Ça suffit, mon poulain ! Tu n'es pas dans
un champ de course.

Jano attrape le poulain par la crinière
et le ramène dans le box de son cerveau.
Un vrai tour de force !

Jano ne comprend pas pourquoi, chaque fois qu'il chante dans la maison, maman surgit en lionne et dit :

—Il y a des limites à s'égosiller, mon petit oiseau. Tu vas ameuter tout le quartier.

Jano ferme le bec à l'oiseau et le met en cage dans son cerveau. Un vrai tour de force !

Jano ne comprend pas pourquoi sa sœur si gentille change d'humeur comme un caméléon. Dès qu'une amie arrive, elle lève le nez sur lui :
—Tu as fini de me suivre, espèce de chien de poche !

Jano met le chien en laisse et le couche dans une niche de son cerveau. Un vrai tour de force !

Jano rend visite à grand-maman. Il ne court pas, ne crie pas, ne la suit pas comme un chien de poche. Il est aussi tranquille qu'un petit chat.

Jano ne comprend pas pourquoi grand-
maman pousse un cri de louve affolée:
—Veux-tu me faire mourir? Descends de
cet arbre immédiatement, mon chaton.

Jano prend le chaton par la peau du cou
et le met dans un panier de son cerveau.
Un vrai tour de force!

Youpi ! Jano a trouvé la réponse à la question avant tout le monde. Allez savoir pourquoi la maîtresse lui dit :
— Arrête de remuer comme un ouistiti !
Tu déranges toute la classe !

Derrière ses lunettes, elle lui fait de gros yeux. On dirait un poisson dans un bocal.

12

Jano enroule le ouistiti dans sa longue queue
et le met en pénitence dans un coin de son
cerveau. Un vrai tour de force !

Comme il est sage, Jano, sage comme
une image ! disent papa, maman, grande
sœur, grand-maman et la maîtresse.

En vérité, il dort debout, Jano.

Son corps est éveillé, mais, dans son cerveau, tout sommeille : le poulain, l'oiseau, le chien, le chaton, le ouistiti et quoi d'autre encore...

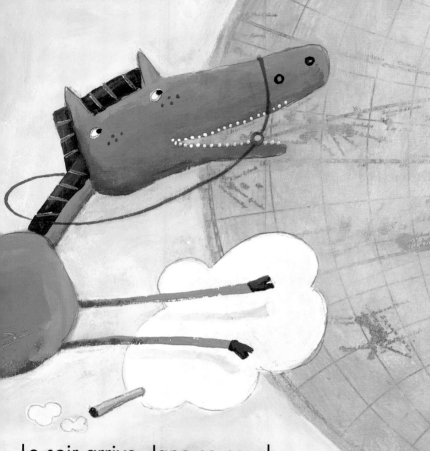

Le soir arrive, Jano se couche.
Dès que le corps de Jano s'endort,
la ménagerie se réveille dans son cerveau.

Le poulain s'échappe de son box. Il court au galop
dans la campagne, passe par-dessus un ravin,
enjambe une rivière. Oh! oh! la mer! Le poulain
saute si haut qu'il aboutit sur un nuage. Le voilà
parti faire le tour de la terre.

17

L'oiseau, lui, s'envole de sa cage en pépiant.
—Cocorico! répond le coq du voisinage.

Aussitôt les poules mènent la danse et les
poussins sortent de leur coquille en battant
la mesure. C'est la fête au poulailler.

Le chien s'élance hors de sa niche. Il jappe. « Vite, une petite fille est tombée dans la rivière ! » En bon chien, il se jette à l'eau et ramène l'enfant sur la rive. Juste à temps. C'est un héros maintenant.

Le chaton quitte son panier, il cherche grand-maman pour lui rapporter sa pelote de laine. Il tourne autour de la maison, grimpe sur le rebord des fenêtres, puis sur le toit.

Finalement, il aperçoit grand-maman. Mais où est donc passée la pelote de laine? Elle habille la maison d'un joli tricot.

– Quelle merveilleuse idée! dit grand-maman. L'hiver peut arriver maintenant.

Le ouistiti sort de son coin. Sous le chapiteau, il s'avance pour faire son numéro. Attention ! Attention !

Il se lance dans les airs et se rattrape au lasso de sa queue. Tous les spectateurs applaudissent. Même la maîtresse.

25

Oh ! Oh ! Le jour se lève, Jano va bientôt se réveiller.
Tous les animaux retournent vite à la maison : le
poulain dans son box, l'oiseau dans sa cage,
le chien dans sa niche, le chaton dans son panier
et le ouistiti dans son coin.

1.c-2.a-3.b-4.e-5.d

Que voit Jano par la fenêtre? Papa qui revient
en ours et maman en lionne d'une brousse lointaine.
Sa sœur, le caméléon, qui se faufile dans le jardin
toute de brume vêtue.

Qui rôde aux alentours comme
une louve veillant sur ses petits ?
Grand-maman ! Mais qui donc fait
des sauts de poisson dans l'étang ?

29

La maîtresse est en retard ce matin. Ah ! Elle arrive, un reste de rêve dans les yeux et un nénuphar dans ses cheveux encore mouillés. Tout le monde rit. Même la maîtresse.

Jano a compris. On peut tout faire…

... en rêve !

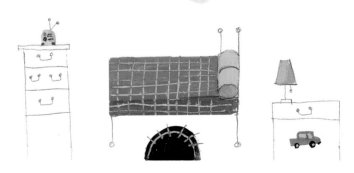